BIBLIOTHEQUE COLONIALE ET MARITIME

Organisation rationnelle

DE

L'ADMINISTRATION des COLONIES

Communication faite au Congrès de l'Association française pour l'avancement des sciences, dans la séance tenue le 26 août 1878, à Paris, par la Section d'Economie politique, présidence de M. H. PASSY.

Par M. P. VIAL

Capitaine de frégate, agent principal de la Compagnie générale transatlantique, ancien directeur de l'Intérieur.

PRIX : 1 FRANC

PARIS

CHALLAMEL aîné, libraire-éditeur, 5, rue Jacob.

BIBLIOTHÈQUE COLONIALE ET MARITIME

Organisation rationnelle DE L'ADMINISTRATION des COLONIES

Communication faite au Congrès de l'Association française pour l'avancement des sciences, dans la séance tenue le 26 août 1878, à Paris, par la Section d'Economie politique, présidence de M. H. Passy.

Par M. P. VIAL

Capitaine de frégate, agent principal de la Compagnie générale transatlantique, ancien directeur de l'Intérieur.

PRIX : 1 FRANC

PARIS

CHALLAMEL aîné, libraire-éditeur, 5, rue Jacob.

Organisation rationnelle

DE

L'ADMINISTRATION des COLONIES

Par M. P. VIAL

Capitaine de frégate, agent principal de la Compagnie générale transatlantique, ancien directeur de l'Intérieur

---

Messieurs,

L'administration des colonies est une des questions les plus importantes et les plus délicates de notre époque, non-seulement en France, mais encore dans la plupart des pays européens, ayant des possessions lointaines.

Chez nous, comme chez nos voisins, les services publics sont organisés à peu près suivant nos besoins, suivant nos mœurs et suivant nos usages.

De temps en temps, une réforme de détail intervient et peut donner une satisfaction suffisante aux besoins du moment, aux aspirations des générations nouvelles.

Car chaque nation européenne vit dans une indépendance absolue de ses voisins, et jouit des institutions qu'il lui a plu de se donner.

Au contraire, les colonies, pays conquis récemment ou d'occupation nouvelle, renferment géné.

ralement plusieurs races diverses placées à des degrés différents dans l'échelle des êtres civilisés : souvent elles sont gouvernées, c'est-à-dire exploitées, au point de vue très étroit des intérêts de la Métropole.

Ce système était suffisant naguère. Les colonies étaient loin ; le pouvoir suprême, entouré d'une mystérieuse obscurité, était l'objet d'une terreur pleine de respect de la part des colons et des indigènes.

Aujourd'hui les distances ont été singulièrement raccourcies. On met vingt jours pour aller à Bombay ; les gouverneurs des Indes et ceux des Antilles communiquent d'heure en heure par le télégraphe avec Londres, Paris ou la Haye, tandis que leurs dépêches peuvent être commentées dans les journaux du jour par celles de leurs administrés de toutes les races.

L'indien, le noir, le javanais et le chinois établi sur une terre européenne, discute ses droits et ses intérêts. Il a pressenti l'unité de race bien avant nos savants et le jour où il en trouve l'occasion, il affirme énergiquement par le fer et par le feu le principe qui lui est le plus favorable.

Il faut donc, dans un but de préservation et d'utilité générales, nous conformer aux lois humanitaires qui nous prescrivent d'administrer les colonies en tenant compte des intérêts, des besoins et des aspirations de tous leurs habitants, en leur donnant toutes les satisfactions et tout le bien être compatibles avec les lois de la morale et avec les exigences de la sécurité publique.

Cette règle qui autrefois aurait paru onéreuse

aux gouvernements anciens, est aujourd'hui toute dans l'intérêt des métropoles. Les faits eux-mêmes nous donnent raison.

Chaque fois qu'une nation ayant des colonies a été en guerre avec des puissances étrangères, les populations conquises, qui pouvaient avoir des griefs ou des revendications à exercer, ont saisi ces occasions de crise et de danger pour se soulever contre leur métropole. Il en résultait des dépenses et des risques de beaucoup supérieurs à la valeur des sacrifices qui auraient pu donner des satisfactions légitimes aux populations coloniales et prévenir des conflits mille fois regrettables.

Je ne citerai que pour mémoire les agitations de l'Algérie en 1871, la révolte de l'Inde en 1858 et les mesures rigoureuses prises par la Hollande pour isoler les javanais de tout contact avec l'extérieur. Nous ne voulons pas faire des critiques stériles, nous voulons rechercher par une étude consciencieuse la véritable voie du Progrès, du Progrès moral et du Progrès matériel pour nos colonies.

Si je me permets d'aborder une question semblable devant vous, c'est que, pendant dix ans, j'ai assisté à la création d'une grande colonie qui fera honneur à la France.

J'ai vu de près toutes les erreurs, toutes les incertitudes, tous les préjugés qui ont entravé ses premiers développements.

J'ai été ensuite le collaborateur d'un homme de bien, d'un homme sage qui, dédaignant une vaine popularité, s'est attaché courageusement à sa tâche de gouverneur d'une grande colonie.

Et, souriant lorsqu'on lui disait que les Français ne savent pas coloniser, il s'est établi avec sa famille à Saïgon — plein de confiance dans l'avenir de la Cochinchine. Il a sacrifié sa propre santé et les existences qui lui étaient les plus chères à l'accomplissement de son devoir.

Les fatigues d'un travail excessif sous un climat dévorant ont brisé avant l'heure sa robuste constitution, mais en descendant au tombeau, son esprit, toujours ferme et élevé, a été consolé par la conviction suprême qu'il avait agrandi son pays.

Je vais vous donner une idée de son œuvre. — Il était venu avec la mission d'étudier les moyens d'évacuer une partie de notre possession. Le pays était en insurrection permanente et beaucoup d'esprits distingués doutaient de son avenir.

Il commença par étudier soigneusement les ressources de la colonie, le caractère des habitants ; il se forma une conviction mûrement raisonnée, il comprit qu'il pouvait sauver cette colonie que l'on était sur le point d'abandonner.

Soutenu par la confiance et par les sympathies d'un ministre éclairé, il obtint de garder la colonie, il en doubla l'étendue, décupla ses recettes qui de 1862 à 1871 passèrent de 1,800,000 francs à 12 millions ; il créa de nombreuses écoles, rallia les indigènes et eut la gloire de laisser derrière lui une colonie pacifiée et attachée à la France par des liens indestructibles.

A côté de ce rôle considérable et pacificateur, après avoir parlé de ce législateur dont les actes étaient si sagement calculés, laisssez-moi vous citer une conversation que j'ai eue il y a quelques années avec un de mes amis, avec un étranger dont je ne voudrais pas critiquer la nation, car je l'aime sincèrement.

Si je rappelle une de ses erreurs, c'est parce que cette erreur aurait pu être également commise chez tout autre peuple d'Europe. Chacun d'eux en a de pareilles à se reprocher.

Nous parlions de la République dominicaine occupée dans ces dernières années par l'Espagne et abandonnée, pacifiquement d'ailleurs, après quelques mois d'essai.

L'Espagnol distingué qui me parlait de cet événement si remarquable de l'histoire coloniale me disait : « Quelle ingratitude de la part de ces dominicains ! Nous avons fait des frais énormes pour eux ! Nous les avons comblés ! Nous les avons dotés de tribunaux, de fonctionnaires comme en Europe, d'une cour supérieure, d'un chapitre, d'un archevêché ! Ils ont été traités comme une province d'Espagne ! Et, dès les premiers jours, ils ont été continuellement en révolte ! »

Je ne voulus pas répliquer que tous ces bienfaits avaient dû singulièrement déplaire aux dominicains accoutumés à une administration plus simple et qu'on avait marché contre le but à atteindre en leur donnant, spontanément et sans avoir consulté leurs goûts, des institutions dont ils ne sentaient pas le besoin.

Il y a de nombreux exemples de colonies et de possessions lointaines qui végètent et dépérissent jusqu'au jour où l'homme qui a compris leur valeur, qui a deviné leur avenir, est appelé à diriger leurs destinés.

Le plus frappant est celui du général van den Bosch organisant les Indes néerlandaises, alors endettées, en une vaste ferme, en usine, immense foyer de production et de consommation, qui a enrichi la Hollande. Je ne saurais approuver son œuvre complétement, sans aucune restriction, mais je dirai qu'il a su comprendre les besoins momentanés de son pays et apporter un prompt remède à une situation difficile.

Il ne faut donc pas, en fait de colonisation, se décourager trop vite. Il faut chercher, étudier mûrement ce qui convient à un pays. Il est dangereux et nuisible au plus haut degré de vouloir implanter dans une possession le régime qui a réussi dans une autre. Les habitants de chaque contrée ont des institutions, des mœurs, un climat tellement distincts de ceux des autres pays, qu'il leur est nécessaire d'avoir une organisation spéciale.

Ce n'est pas commode pour le pouvoir central. Mais il peut s'y habituer en ne voulant point intervenir dans les détails de la vie des colons, tandis que ceux-ci souffrent réellement lorsqu'on leur impose une constitution antipathique, lorsqu'on veut faire leur bonheur malgré eux.

Résumons en théorie les considérations générales que nous venons d'exposer :

Le gouvernement doit être éclairé sur les besoins particuliers de chacune de ses possessions. Il doit les bien connaître et puiser ses renseignements, recevoir des avis et des conseils auprès d'hommes intègres, capables, indépendants de l'administration, désintéressés des questions locales et des questions du moment, ayant vécu dans les colonies qu'ils seraient chargés de représenter.

Il serait, je crois, nécessaire d'avoir en France un Conseil supérieur des colonies, siégeant auprès du ministre des colonies, ayant des attributions semblables à celles du Conseil d'Etat en matières coloniales, mais avec plus d'initiative. Il examinerait et rédigerait les projets de loi et de réglements concernant les colonies, il examinerait les pétitions des colons et ses rapports seraient soumis aux chambres ; mais il ne saurait être autorisé à intervenir dans les détails de l'administration intérieure de chaque colonie qui seraient réservés aux administrations locales.

Le comité consultatif des colonies qui existait autrefois en France avait des attributions trop restreintes pour avoir pu remplir ce rôle, quoiqu'il ait dû rendre des services. Il n'a jamais représenté les intérêts de la Cochinchine, de la Nouvelle-Calédonie, de Tahiti, du Sénégal, colonies nouvelles qui avaient plus besoin que nos anciennes possessions d'être défendues et vulgarisées en France.

La représentation de plusieurs de nos colonies à la chambre ne nous donne encore qu'une satisfaction incomplète. Elle ne renferme pas, je crois, des défenseurs autorisés, ayant vécu dans toutes nos colonies, pouvant prendre en main, avec la compétence voulue, les intérêts de quelques-unes de nos possessions d'outre-mer, de la Cochinchine, du Sénégal, de Tahiti ou de la Nouvelle-Calédonie. Et pour ces colonies, les intérêts à protéger sont nombreux et divers, souvent hostiles les uns aux autres. Ils touchent de près aux intérêts vitaux du pays et à son honneur.

Ce que je dis s'applique, bien entendu, à toutes les nations qui font ou ont fait de nouvelles acquisitious de territoire dans des contrées lointaines. Bien que je ne veuille pas donner de conseils aux Anglais ni aux Russes, je dois supposer qu'en ce moment ils sont obligés d'étudier la question sur laquelle je me suis permis d'appeler votre attention éclairée.

Ainsi il est indispensable à nos yeux d'avoir en France un corps indépendant de l'administration, chargé spécialement de l'étude et de la préparation de toutes les lois. de tous les règlements, de tous les rapports concernant les colonies.

Les éléments de ce conseil supérieur des colonies seraient facilement recrutés parmi les colons, les administrateurs, les magistrats, les militaires, les prêtres, les médecins qui ont vécu dans nos possessions lointaines. Sa présence et son concours épargneraient à nos chambres et à l'administration centrale des erreurs et des fautes qui sont si préjudiciables à nos colons et qui peuvent les détacher de la métropole.

Les membres du conseil colonial pourraient être nommés par le gouvernement sur la proposition du ministre de la marine. Il ne serait pas possible de les faire désigner par le suffrage des populations, dont ils seraient appelés à représenter les intérêts.

Sans vouloir entrer dans des détails inutiles, j'ajouterai que pour être à même d'accomplir un travail sérieux, une enquête générale sur la situa-

tion de nos possessions d'outre-mer, il faut qu'ils
soient assez nombreux pour fournir plusieurs com-
missions capables de résoudre avec l'autorité et la
compétence voulues les principaux problèmes de
notre réorganisation coloniale.

Déjà le ministre libéral qui est à la tête du dé-
partement de la marine a provoqué la création
d'une commission supérieure présidée par M. le
comte Rampon, vice-président du Sénat, composée
des sénateurs, des députés des colonies et de plusieurs officiers généraux, pour réviser le régime
militaire aux colonies.

L'œuvre de cette commission sera un premier
pas, sans doute, vers la révision complète du régime colonial.

Pour vous donner une idée des préjugés qui ont
cours en Europe au sujet de l'administration des
colonies — et ces préjugés, ces opinions précon-
çues existent tout autant ailleurs qu'en France, en
Angleterre, en Hollande et en Espagne — je rap-
pellerai quelques souvenirs qui remontent à près
de vingt ans.

On faisait alors dans l'Extrème-Orient une
campagne glorieuse et on espèrait que la France
conserverait dans ces contrées lointaines une possession digne de ses grandes traditions coloniales.
Les avis étaient grandement partagés au sujet du
programme à adopter pour assurer la propriété
de la colonie à venir. L'ouvrage de Moncy sur
Batavia venait de paraître sous ce titre : *Comment
on administre une colonie*. Ce titre était à
lui seul une vive critique de l'administration de
l'Inde anglaise, et les chiffres séduisants du bud-

get de Java avaient entraîné plusieurs bons esprits, même parmi les anglais. On ne pensait qu'à confier le sort des populations à des rajahs responsables de la tranquilité publique et on ne se serait pas donné la peine de faire la police du riche domaine, dont nous aurions touché les revenus.

D'autres personnes qui avaient vécu en Afrique parlaient de colonnes mobiles, de tribus, de fantasias et de la justice du cadi.

Enfin, les centralisateurs à outrance proposaient de faire une administration absolument semblable à celle de nos vieilles colonies des îles, qui ont déjà une existence séculaire et peuvent supporter la vie politique de la Métropole.

Il se trouva même quelques audacieux qui pensèrent à faire une Indo-Chine semblable à cette ravissante oasis de Tahïti, dont la population gaie et pacifique a laissé de si agréables souvenirs à nos navigateurs.

Bien peu de gens se demandèrent ce que désireraient les habitants de la nouvelle colonie, quels seraient leurs vrais besoins ?

Presque tout le monde était d'accord que nous allions les arracher à la tyrannie de leurs mandarins et qu'ils seraient trop heureux d'expérimenter les systèmes ingénieux que l'on se proposait de leur appliquer.

Quelques personnes cependant protestaient, disant, non sans raison, que les mandarins sont des fonctionnaires sérieux, appartenant aux races indigènes et ayant une telle habitude d'administrer leurs compatriotes qu'ils devaient s'en tirer passablement. Les plus passionnées de celles-là prétendaient même que les mandarins de l'Orient étaient peut-être meilleurs que ceux de l'Occident. Mais ces paradoxes nuisaient singulièrement à la cause qu'ils voulaient soutenir.

En réalité, personne ne songea que les Anglais qui ont environ une quarantaine de colonies différentes, leur ont octroyé à peu prés autant de cons. titutions diverses, ce qui ne les empêche pas d'avoir quelquefois des révoltes et des désordres résultant de ce qu'ils n'ont pu complétement satisfaire des gens qui ne sont cependant guère exigeants.

Les Hollandais ont créé tout d'une pièce leur édifice de Batavia ; mais ils n'ont jamais songé à appliquer les mêmes principes aux Antilles ou à la Guyane.

Les Espagnols et les Portugais n'augmentent plus leurs possessions. Mais ils étaient parvenus à assimiler dans la limite du possible les populations de leurs colonies. En leur donnant les biens qu'ils estiment le plus au monde, leur religion et leurs mœurs, ils les ont attachés sincèrement à leurs pavillons.

Je ne crois pas qu'il en soit de même pour les sujets d'outre-mer de la Grand-Bretagne et de la Hollande.

Un des premiers instruments de civilisation et de bien-être à employer vis-à-vis des races conquises est l'instruction large, libérale, répandue avec profusion dans toutes les classes de la société.

Le gouvernement de la Cochinchine multiplia les écoles de français et celles d'écriture en lettres européennes dès les premiers jours. Ce furent les professeurs qui lui firent défaut. Aussitôt qu'un écolier en savait assez pour enseigner les premiers éléments à ses jeunes compatriotes, il devenait répétiteur et recevait une rétribution proportionnée à la valeur de ses services.

Lorsque quelques jeunes gens furent assez dégrossis pour pouvoir suivre les cours de nos colléges, ils furent mis en pension en France, chez les Maristes à la Seyne et chez les Frères à Marseille. Ils y furent admirablement traités par les maîtres et par les élèves. Les enfants des familles les plus aisées accueillirent avec une sincère affection ces petits camarades bronzés qu'une saine politique leur envoyait et ils contribuèrent généreusement à faire aimer notre pays dans ces contrées lointaines.

Du moment que l'administration centrale serait éclairée sur les besoins de chacune de nos colonies, du moment qu'elle attacherait un soin tout particulier à développer l'instruction des habitants de ces colonies, je considère que ces possessions, si différentes encore de la Métropole, seraient en voie de lui être assimilées rapidement.

Voyons maintenant ce qui pourrait être indiqué en principe comme devant servir de base aux institutions locales de chaque colonie. Voici ce que nous écrivions, il y a peu de temps, à ce sujet en racontant *les premières années de la Cochinchine.* (1) « Les colonies habitées par des Européens ou par des populations de civilisation européenne doivent être organisées comme nos départements,

____

(1) *Les premières années de la Cochinchine, colonie franaise,* par P. Vial, 1874. Challamel éditeur. ,

mais leur administration intérieure doit être complétement indépendante de celle de la métropole.

» Les possessions habitées par des races étrangères à la nôtre doivent avoir également une administration intérieure indépendante des services étrangers au pays.

» Mais cette administration doit être dirigée par un conseil composé, en majorité, de fonctionnaires capables et impartiaux qui ne puissent être soupçonnés de participer aux passions rivales qui divisent fatalement les colons et les indigènes. L'administration doit avoir une action directe sur les populations par l'intermédiaire de fonctionnaires européens instruits et capables, rétribués convenablement, qui représentent l'autorité souveraine vis-à-vis des habitants, qui protégent leurs biens, qui fassent respecter l'ordre et qui rendent la justice.

» Les fonctionnaires indigènes doivent être réduits au rôle d'agents auxiliaires des magistrats européens, tant que leur instruction et tant que leurs idées seront différentes de celles des fonctionnaires français. D'ailleurs, il y aura tout avantage à élever à ces fonctions des indigènes intelligents appartenant aux classes populaires. Ils nous devront leurs positions ; ils les perdraient en se séparant de nous ; ils seront donc fidèles.

» En Cochinchine, il n'est pas d'exemple d'un homme du peuple élevé à une fonction importante qui nous ait trahis. Aux Indes et en Algérie, il en aurait été de même si on y avait suivi les mêmes errements.

» Car les mobiles qui dirigent la plupart des ac-
tions des hommes ne changent point, ni avec les
climats, ni avec les pays, ni avec les circonstances.

» Partout les administrateurs doivent être équi-
tables, honnêtes et laborieux ; ils doivent protéger eux-mêmes avec une active sollicitude les intérêts des populations ; ils sont assurés qu'ils mé-
riteront ainsi la reconnaissance des hommes et la
satisfaction de leur propre conscience. »

Ces principes si simples et si humanitaires ne
sont point toujours observés rigoureusement.
Dans un récit des voyages les plus attachants et
des plus consciencieux, M. le comte de Beauvoir,
qui, cependant, manifeste avec raison de vives
sympathies pour les anglais, dit avoir vu un jeune
aventurier qui, dans le nord de l'Australie sur les
bords du détroit de Torrès, se livrait à une vraie
chasse aux indigènes et les détruisait comme des
bêtes nuisibles, inscrivant par des coches sur la
crosse de son fusil le nombre de ses victimes. Je
suis convaincu que ces excès épouvantables, qui
peuvent avoir des conséquences si funestes, n'ont
pas été tolérés longtemps par les agents d'une
grande nation civilisée.

J'ai rappelé néanmoins ce fait que je crois
exceptionnel parce qu'il est utile, lorsqu'on parle
d'administration, d'avoir toujours présents à la
mémoire, les abus graves qui peuvent résulter
d'une coupable indifférence pour les lois de l'humanité.

J'ai cité plusieurs fois la Cochinchine dans cette
étude sur l'administration coloniale.

Elle a eu la bonne fortune de traverser les

première années qui ont suivi la conquête, la période d'organisation, sous le gouvernement d'un homme ferme et prudent qui avait des pouvoirs très étendus et a pu lui faire franchir rapidement cette épreuve difficile.

Je conclurai, Messieurs, cette trop longue dissertation, en résumant ainsi le but de toute bonne administration coloniale :

« On doit rechercher le développement au point
» de vue du nombre, de la morale, du bien être et
» de la richesse de tous les habitants de chaque
» colonie. Le principal moyen pour atteindre ce
» but est l'assimilation par l'instruction. Les
» habitants et les gouvernants de la Métropole
» doivent faire tous leurs efforts pour bien con-
» naître leurs colonies et en même temps pour
» initier à leur langue, à leurs idées et à leurs
» mœurs les habitants des possessions lointaines.»

De l'observance étroite de cette règle, résultera bien certainement un développement parallèle de la puissance et de la richesse de la Métropole.

Ce principe, si conforme à ceux de la religion et de l'humanité, n'est pas nouveau ; il est toujours accepté par les gens de bien. Il est bon néanmoins de le proclamer hautement, parce que toute loi utile doit être connue, vulgarisée afin d'obtenir qu'elle soit observée.

Permettez-moi, Messieurs, de le placer sous votre patronage.

A titre de simple renseignement, citons quelques chiffres indiquant l'importance de nos colonies, relativement à celles des Anglais, des Hollandais et des Espagnols.

En n'y comprenant pas l'Algérie, nos colonies de Cochinchine, des Antilles, du Sénégal, de l'Inde, de la Guyane, de l'Océan pacifique et de Terre-Neuve, comptent ensemble près de 2,500,000 habitants.

Leurs budgets réunis représentent une somme de 34 millions environ sur lesquels la Cochinchine seule figure pour 14 millions.

En outre, l'Etat dépense pour leur entretien et leur protection plus de 20 millions sans compter les dépenses du service pénitentier qui s'élèvent à 6 millions et les dépenses militaires du service maritime aux colonies.

Les dépenses totales faites aux colonies ou pour les colonies pour leur garde et leur administration représentent un chiffre total de 71 millions, non compris les budgets des municipalités.

Cette somme considérable est administrée avec la probité rigoureuse qui distingue les administrations françaises et celle de la marine tout particulièrement. Mais elle n'est peut-être point employée aussi utilement qu'elle pourrait l'être, en raison du manque de renseignements spéciaux et du défaut de suite dans l'exécution d'un programme bien étudié, qui semblent caractériser la direction imprimée aux affaires d'outre-mer par la plupart des gouvernements européens.

Autrefois l'Espagne et le Portugal avaient leurs Conseils des Indes au sein desquels se perpétuaient des traditions qui leur ont permis de substituer dans leurs possession lointaines leurs langues, leurs religion et leurs mœurs à celles des peuples conquis.

Les crises traversées par l'Europe depuis près d'un siècle ont obligé les puissances continentales au sacrifice d'une partie de leurs colonies.

Mais en les perdant, les nations latines leur ont laissé des souvenirs indestructibles de leur domination ; parce qu'elles avaient des traditions et poursuivaient un but unique sans jamais le perdre de vue.

Voyez ce que serait aujourd'hui l'Algerie que nous possédons depuis 48 ans si, dès les premiers jours, on s'était occupé activement et principalement de l'instruction et de l'éducation des jeunes indigènes à mesure que notre domination s'étendait dans le pays.

Assurément notre corps d'occupation pourrait être réduit de moitié aujourd'hui.

J'ai vu plusieurs fois en Cochinchine, sous l'impulsion ardente, énergique de l'amiral de la Grandière, qui commençait toujours par visiter les écoles des villages dans ses tournées officielles, j'ai vu plusieurs fois les fonctionnaires français chargés de la surveillance de ces établissements scolaires, consacrer une partie de leurs appointements à donner des prix et des récompenses aux élèves. Les parents nous étaient alors gagnés par leurs enfants.

Les colonies anglaises, y compris les Indes, comptent environ 204 millions d'habitants. Les Indes ont un budget de plus de 1,200 millions.

Les colonies hollandaises comptent environ 13 millions d'habitants. La principale, Java, a 12 millions, a un budget des recettes de 300 millions dont 75 millions en moyenne ont été versés à la métropole. Cette subvention est réduite à 10 millions de florins environ.

Les colonies espagnoles, dont les principales sont les Philippines et la Havane, comptent 8 millions d'habitants.

Excusez-moi d'avoir été si long, le sujet me tient au cœur. Comme vous, je désire ardemment que toutes ces parties de notre pays soient sagement administrées, soient bien comprises et aient leur part légitime de nos soins et de nos études.

Havre. — Imprimerie J. BRENIER & Cᵉ, rue Beauverger, 2.

BIBLIOTHÈQUE COLONIALE ET MARITIME

OUVRAGES PARUS :

La Ramie, guide pratique du cultivateur.

Considérations générales sur la Navigation transocéanienne, par M. P. VIAL, capitaine de frégate, agent principal de la Compagnie génerale Transatlantique.

La Guyane française et le Brésil agricole et commercial, — le Monténégro, par l'Abbé DURAND, vice-président de la Section de Géographie, professeur des Sciénces géographiques à l'Université catholique de Paris, etc.

Colonisation et Sociétés d'émigration, par M. Alfred COQUELIN, armateur au Havre, ancien Capitaine au long-cours.

L'Avenir de la Marine et du Commerce extérieur de la France et le Renouvellement des Traités, par Jules INGOUF, lieutenant de vaisseau, chevalier de la Légion-d'Honneur.

Du Sénégal au Niger, étude, par M. ROBERT, chanoine de Rouen.

Du Sénégal au Niger (réponse aux observations de MM. Foncin et Ardin d'Eteil), par M. ROBERT, chanoine de Rouen.

www.ingramcontent.com/pod-product-compliance
Lightning Source LLC
Chambersburg PA
CBHW062318070726

47596CB00009B/2279